Nicole Renaud

Du tout cru !
tartares et carpaccios

Photographies de Guillaume Czerw

Stylisme d'Emmanuel Renault

ISBN : 978-2-7540-1717-6
Dépôt légal : 2e trimestre 2010
Imprimé en France par Pollina - L53685
Photos © Guillaume Czerw
Édition : Aurélie Starckmann
Conception graphique : Istria
Pictogramme © Pascale Etchecopar

Éditions First
60, rue Mazarine
75006 Paris – France
e-mail : firstinfo@efirst.com
Site internet : www.editionsfirst.fr

Sommaire

Introduction

Si, malgré l'invention du feu dans une grotte lointaine, il vous reste cette envie primitive de déguster du cru aux saveurs originelles, les tartares et carpaccio combleront vos envies.

Le carpaccio nous vient de Venise, où Giuseppe Cipriani, chef au Harry's Bar, s'est inspiré des rouges profonds des tableaux du célèbre peintre Vittore Scarpazza, dit Carpaccio, pour imaginer le « véritable » carpaccio de bœuf : des lamelles de bœuf cru d'une grande finesse nappées d'une sauce aromatique. Quant au tartare, toujours servi cru, on attribue son invention au chef belge Joseph Niels, qui eut l'idée de mélanger notre sauce tartare bien française à de la viande crue de cheval (pour les puristes) ou de bœuf, hachée au couteau.

Dès lors, cuisiniers et amateurs s'engouffrèrent dans cette savoureuse brèche pour découvrir le plaisir du manger cru, peu courant dans notre culture, et faire muter ces tartares et carpaccio originels vers de nombreuses variations à base de viandes, de poissons, de crustacés, de légumes et de fruits.

Pour les réussir, il suffit d'un bon frigo et d'un minimum de matériel : un couteau bien affûté, une mandoline, de jolies assiettes et des verrines, un plan de travail, le tout d'une propreté impeccable. Et des produits d'une grande fraîcheur ! Viande achetée du jour et hachée ou coupée au dernier moment (attention à la prolifération des bactéries), poissons ultrafrais, légumes et fruits croquants. Pour plus de sécurité, les filets de poisson peuvent être congelés 24 heures, pour tuer une petite larve parasitaire, l'anasakis, quelquefois nichée dans la chair.

Afin de trancher plus aisément viandes ou poissons en lamelles, enveloppez-les bien serrés dans du film étirable et placez-les 30 minutes au congélateur. Pour obtenir des tranches ultrafines, glissez-les entre deux feuilles de papier sulfurisé et aplatissez-les avec un rouleau à pâtisserie à la finesse désirée.

À vous les jolies entrées préparées en un tour de main ! Lamelles de poisson translucides perlées d'une goutte d'huile, viande aux couleurs profondes, jolies palettes colorées de fruits et légumes étalés sur des assiettes bien fraîches. Un régal pour les yeux et le palais ! La cuisine de l'instant et une mine de vertus bienfaisantes.

À vous les tartares énergétiques de viandes et de poissons, simplement disposés au centre d'une assiette ou moulés dans des cercles à pâtisserie, des tasses, des ramequins ! À vous les assaisonnements variés, simples ou originaux, les textures subtiles. Cet ouvrage vous livre une foule de petites entrées ou de plats plus consistants, rapides, légers et toujours attrayants !

Tartare de légumes à la concassée de tomates

bon marché • facile à réaliser • préparation : 30 min • cuisson : 30 min • réfrigération : 2-3 h • pour 4 personnes

1 casserole - 1 jatte
4 bols
4 assiettes de service

2 pommes vertes

1/2 concombre - 1 petite courgette - 1 poivron jaune - 1 poivron rouge

le jus d'1 citron - 2 brins de basilic

4 c. à s. de crème fraîche épaisse - 2 c. à s. d'huile d'olive - sel - poivre du moulin

Pour le coulis :

500 g de tomates mûres

2 échalotes - 1 gousse d'ail

1 bouquet garni - 2 c. à s. d'huile d'olive

1 c. à s. de concentré de tomate - 1 c. à c. de sucre

2 pincées de piment d'Espelette - sel - poivre

1 Préparez le coulis : pelez et épépinez les tomates. Concassez la chair. Faites revenir les échalotes et la gousse d'ail hachées dans l'huile 5 minutes. Ajoutez les tomates, le concentré, le sucre, du sel, le piment et le bouquet garni. Laisser mijoter à découvert 25 à 30 minutes. Enlevez le bouquet. Laissez refroidir et mettez au frais quelques heures.

2 Coupez le concombre, la courgette et les poivrons en 2. Retirez les graines. Pelez et épépinez les pommes. Émincez l'ensemble en petits dés. Dans une jatte, mélangez-les avec l'huile, le jus de citron, du sel et du poivre du moulin. Couvrez et mettez au frais 1 heure.

3 Égouttez le tartare et tassez-le dans les bols. Ajoutez la marinade dans la concassée de tomates.

4 Démoulez les tartares au centre des assiettes. Entourez-les de concassée de tomates, piquetée de petites touches de crème fraîche salée et poivrée. Décorez de feuilles de basilic et servez aussitôt.

variante

Cette recette fonctionne avec les légumes qui se mangent crus : chou-fleur, brocoli, carottes, radis, poivrons, céleri-rave et céleri-branche.

truc de cuisinier

Pour le coulis, utilisez une variété de tomates peu aqueuses, comme la roma ou des tomates en grappes, charnues et bien mûres.

Tartare de poivrons et chèvre au basilic frit

coût moyen • délicat à réaliser • préparation : 30 min • friture : 10 s • réfrigération : 2-3 h • pour 4 personnes

2 jattes - 1 friteuse ou 1 poêle profonde

4 coupes larges

papier absorbant

4 poivrons (2 rouges, 2 jaunes)

1/2 concombre - 4 brins de basilic

1 c. à s. de condiment balsamique blanc (ou de vinaigre de vin blanc)

4 c. à s. d'huile d'olive

1 c. à s. de tapenade noire - huile de friture

sel - poivre

Pour les quenelles :

200 g de chèvre frais

2 c. à s. de crème fraîche

huile d'olive - sel - poivre blanc moulu

1 Préparez les quenelles : malaxez le chèvre frais avec la crème fraîche, un peu de sel et de poivre. Entreposez au frais 2-3 heures.

2 Retirez les graines du concombre. Détachez le pédoncule des poivrons, fendez-les en 2, enlevez les graines et les membranes blanches. Coupez concombre et poivrons en tout petits dés. Assaisonnez du condiment balsamique fouetté avec la tapenade, du sel, du poivre et l'huile d'olive. Répartissez dans les coupes. Mettez au frais 30 minutes.

3 Lavez et séchez soigneusement les brins de basilic. Plongez-les dans l'huile de friture chaude juste pour les faire croustiller. Égouttez-les sur du papier absorbant.

4 Pour servir, déposez 3 petites quenelles de chèvre dans les coupes. Arrosez d'un filet d'huile. Décorez avec le basilic frit.

variante

Savoureux mariage aussi avec des dés de feta de très bonne qualité, nature ou marinée aux herbes.

truc de cuisinier

Pour mouler les quenelles de chèvre, prélevez une portion avec une cuillère à dessert ou une petite cuillère selon la taille des coupes, lissez-la en forme de quenelle avec une deuxième cuillère. Faites-la glisser sur le tartare en la poussant doucement.

Tartare de courgette et de melon

bon marché • facile à réaliser • préparation : 20 min • réfrigération : 1 h • pour 4 personnes

1 mandoline - 1 jatte -
4 cercles à pâtisserie
4 assiettes de service

**2 petites courgettes -
1/2 melon charentais**

4 œufs de caille durs - 60 g de tomme de chèvre sans croûte

8 olives violettes dénoyautées

**2 c. à s. de basilic ciselé -
4 brins de ciboulette - 4 c. à s. d'huile d'olive**

**3 c. à s. de vinaigre de cidre -
sel - poivre blanc du moulin**

Dans le cœur d'une courgette, coupez 4 longues lamelles avec une mandoline. Tapissez-en le bord des cercles à pâtisserie disposés sur les assiettes de service. Gardez au frais.

Épépinez la deuxième courgette et le restant de la première. Évidez le melon de ses graines et pelez-le. Coupez l'ensemble en dés et mélangez-les, dans une jatte, avec le vinaigre émulsionné avec du sel, du poivre et 2 cuillères à soupe d'huile d'olive. Mettez au frais 1 heure.

Ébouillantez les brins de ciboulette. Étalez-les sur un linge. Coupez la tomme en dés, avec les olives. Égouttez et mélangez le tartare de légumes, le fromage, les olives et le basilic ciselé. Répartissez dans les cercles, tassez un peu et retirez-les délicatement. Entourez d'1 brin de ciboulette. Déposez 1 œuf écalé et coupé en 2 au centre. Entourez de la marinade fouettée avec le reste d'huile d'olive. Servez avec des languettes de pain grillées.

Tartare de cèpes au magret

coût moyen • facile à réaliser • préparation : 30 min • cuisson : 20 min • pour 4 personnes

2 jattes - 2 tôles antiadhésives
1 petite casserole - 1 poêle
4 cercles à pâtisserie -
4 assiettes de service

500 g de cèpes très frais

8 tranches de magret de canard fumé

**10 g de farine - 10 g de beurre -
10 g de cassonade**

20 g de pignons de pin

**1 gros citron non traité -
2 brins de basilic**

**2 c. à s. d'huile de tournesol -
2 c. à s. d'huile de noix - sel - poivre**

Mélangez la farine, le beurre en cubes et la cassonade. Sur une tôle antiadhésive, sablez la pâte entre les mains en l'étalant bien pour obtenir un crumble. Faites-la dorer au four à 180 °C (th. 6). Alignez les tanches de magret sur une autre tôle. Passez-les au four à 90 °C (th. 3) jusqu'à ce qu'elles soient croustillantes. Réduisez-les en poudre grossière et mélangez-les au crumble.

Taillez le zeste du citron en fins filaments. Portez-les à ébullition, 1 minute, dans de l'eau froide. Rincez et égouttez-les. Pressez et fouettez le jus du citron avec du sel, du poivre et les deux huiles. Faites légèrement griller les pignons à la poêle. Nettoyez les cèpes et coupez-les en petits dés. Ajoutez la sauce, la moitié des zestes blanchis, le basilic ciselé et les pignons de pin, mélangez.

Déposez des cercles à pâtisserie sur 4 assiettes de service. Remplissez-les de tartare de cèpes. Tassez un peu. Parsemez du crumble mélangé au reste de zestes hachés. Retirez délicatement les cercles avant de servir.

Céleri rémoulade truffé et tartare de saumon

coût moyen • facile à réaliser • préparation : 30 min • réfrigération : 30 min • pour 4 personnes

1 râpe grille moyenne
2 jattes - 1 bol
4 grands verres

Pour le tartare :

400 g de filet de saumon sans peau

2 c. à s. d'huile d'olive - 2 c. à c. de zeste de citron râpé - 1 c. à c. de moutarde forte

2-3 gouttes de Tabasco - brins d'herbes fraîches

sel - poivre

Pour la rémoulade :

200 g de céleri-rave

1 pomme verte

2 c. à s. de mayonnaise - 1 c. à s. de crème fraîche - 1 c. à s. de jus de citron

1 boîte de pelures de truffes

sel - poivre

Pour la vinaigrette de soja :

2 c. à s. de sauce soja - 1 c. à c. de sucre en poudre - 4 c. à s. d'huile de pépins de raisin - 1 pincée de gingembre râpé

1 Hachez le saumon au couteau. Mélangez-le avec le zeste, la moutarde, l'huile, le Tabasco et du sel. Placez au réfrigérateur 30 minutes.

2 Pelez et épépinez la pomme, pelez le céleri et râpez-les. Arrosez de jus de citron. Mélangez avec la mayonnaise, la crème, les pelures de truffes égouttées, du sel, du poivre. Mettez au frais 30 minutes.

3 Pour servir, remplissez les verres de céleri rémoulade puis de tartare de saumon.

4 Fouettez la sauce soja avec le sucre et l'huile de pépins de raisin. Ajoutez le gingembre. Décorez les verres de brins d'herbes et versez un peu de vinaigrette. Servez le reste à part.

variante

Pour une entrée festive, servez avec une sauce crème additionnée de pelures de truffes et déposez 1 ou 2 rondelles de truffe sur chaque tartare.

truc de cuisinier

Choisissez une boule de céleri à la peau claire, sans taches ou meurtrissures. Une boule pèse environ 800 g. Frappez-la de l'index recourbé, elle ne doit pas émettre un son creux, signe du vieillissement du légume.

Mille-feuilles de tartare de poissons sauce acidulée

coût moyen • facile à réaliser • préparation : 20 min • réfrigération : 1 h • pour 4 personnes

1 jatte
1 poêle - 1 casserole
4 cercles à pâtisserie
1 bol - 4 assiettes de service

12 petites tranches de saumon fumé
200 g de filet de saumon frais dépouillé
200 g de filet de poisson blanc (loup, lotte, sole)
2 échalotes grises
1-2 c. à s. de ciboulette ciselée
2 citrons jaunes non traités - 1 citron vert
5-6 c. à s. d'huile d'olive - 1 c. à s. d'huile de noisette
1 c. à c. de baies roses
sel - poivre
poivre en grains

1 Faites fondre les échalotes hachées, sans coloration dans 1 demi-cuillère à soupe d'huile d'olive. Coupez tous les filets de poissons en petits dés. Mélangez-les avec les échalotes froides, la ciboulette, 1 cuillère à soupe d'huile d'olive, l'huile de noisette, du sel et du poivre. Réfrigérez 1 heure.

2 Prélevez les zestes du citron vert et d'1 citron jaune en filaments. Portez-les à ébullition dans de l'eau froide, 3 minutes, puis rincez-les et étalez-les sur du papier absorbant.

3 Pressez les citrons jaunes. Incorporez 2 cuillères à soupe de jus de citron dans le tartare. Dans les tranches de saumon, coupez 12 disques de la taille des cercles à pâtisserie. Badigeonnez-les de jus de citron. Déposez un disque dans le fond des cercles disposés sur des assiettes. Couvrez de tartare, d'un disque de saumon, de tartare et d'un disque de saumon. Tassez légèrement.

4 Dans un bol, mélangez le jus de citron restant avec du sel, les baies roses fraîchement concassées avec quelques grains de poivre et 4 cuillères à soupe d'huile d'olive. Retirez les cercles. Décorez les mille-feuilles avec les zestes blanchis. Entourez-les de sauce. Servez très frais.

variante

Remplacez le saumon par de la truite de mer ou du flétan fumé. Vous pouvez aussi tapisser les cercles de fines lamelles de pomme rouge non pelée, disposées de façon que les parties arrondies forment une couronne sur le dessus.

truc de cuisinier

Pour donner une bonne tenue aux mille-feuilles, utilisez des tranches de saumon assez épaisses, que vous découperez en disques avec la pointe d'un petit couteau en vous aidant d'un cercle.

Tartare d'avocat et de mangue au crabe

coût élevé • facile à réaliser • préparation : 20 min • réfrigération : 1 h • pour 4 personnes

1 jatte - 2 bols - 1 râpe
4 grandes verrines

300 g de chair de crabe

1 belle mangue - 1/2 concombre

2 petits avocats mûrs mais fermes - 1/2 oignon rouge

1 citron vert

2 brins de menthe - 2 c. à s. de coriandre ciselée

2 c. à s. de lait de coco

sel - Tabasco

Pour la sauce :

1 c. à s. de jus d'orange

1 c. à s. de jus de pamplemousse rose

1/2 c. à s. de jus de citron

2 c. à s. d'huile de tournesol - 2 c. à s. d'huile de noisette

1 c. à c. de miel liquide

sel - poivre

1 Hachez finement l'oignon. Émulsionnez tous les éléments de la sauce. Râpez le 1/4 du zeste du citron vert et pressez le citron.

2 Pelez et dénoyautez la mangue et les avocats. Coupez-les en petits cubes et arrosez-les du jus de citron vert. Coupez le concombre égrainé en dés. Mélangez aussitôt l'ensemble avec 4 cuillères à soupe de sauce, le zeste râpé, l'oignon et la coriandre ciselée.

3 Mélangez la chair de crabe avec le reste de sauce mêlée au lait de coco relevé de 2 gouttes de Tabasco. Rectifiez l'assaisonnement.

4 Dans des verrines, répartissez par couches le tartare d'avocat/mangue et le crabe en terminant par du crabe et des feuilles de menthe. Réfrigérez 30 minutes à 1 heure avant de servir.

variante

Réduisez le coût du plat en remplaçant le crabe par du « râpé de la mer », de préférence préparé avec du vrai crabe et non aromatisé au crabe.

truc de cuisinier

Choisissez une bonne mangue, mûre et parfumée.

Tartare de gambas et rougail de tomates

coût moyen • facile à réaliser • préparation : 30 min • réfrigération : 1 h • pour 4 personnes

2 jattes - 1 mortier - 4 verrines - 1 râpe

16 belles gambas crues

1/2 oignon rouge - 1-2 c. à c. de gingembre frais râpé

2 citrons verts

3 tomates olivettes - 1 oignon

2 ciboules - 1 gousse d'ail

1 petit piment rouge - 4 c. à s. d'huile - piment de Cayenne - sel - gros sel - poivre noir en grains

Décortiquez les gambas. Fendez-les en 2, retirez le boyau et coupez-les en petits dés avec l'oignon rouge pelé. Mélangez avec le gingembre râpé, le zeste d'1/4 de citron vert râpé, du sel, 1 pincée de piment et la moitié de l'huile. Répartissez le tartare dans des verrines. Couvrez et mettez au frais.

Pour le rougail, hachez les bulbes de ciboules, l'oignon et la gousse d'ail dégermée. Ciselez le vert des ciboules. Fendez le piment en 2, retirez les graines et pilez-le dans un mortier avec du gros sel et quelques grains de poivre. Pelez, égrainez et coupez les tomates en petits dés.

Dans une jatte, mélangez les ingrédients préparés avec 1/4 de zeste de citron râpé et l'huile restante, laissez reposer 1 heure. Pour servir, ajoutez 1 cuillerée de rougail dans chaque verrine. Piquez d'1 demi-rondelle de citron vert. Présentez le reste de rougail à part.

Tartare de harengs en coques de pommes de terre tièdes

bon marché • facile à réaliser • préparation : 20 min • cuisson : 20 min • réfrigération : 30 min • pour 4 personnes

1 jatte - 1 cuit-vapeur - 4 assiettes de service

12 petites pommes de terre - 6 filets de harengs fumés

1 pamplemousse rose

1/2 poivron - 2 ciboules

2 c. à s. de jus de citron - 2 c. à s. d'huile d'arachide - 2 c. à s. d'huile de noix

2 c. à s. de persil plat ciselé - 2 c. à s. de crème fraîche épaisse - 1 c. à s. de tartare d'algues - sel - poivre

Pelez le pamplemousse à vif. Détachez les tranches en glissant un couteau le long des parois. Coupez la pulpe en petits morceaux. Épépinez et émincez le poivron en dés. Coupez l'extrémité des tiges des ciboules puis hachez-les avec les bulbes. Coupez les filets de harengs en dés. Mélangez tous les ingrédients préparés avec les 2 huiles et le persil. Salez, poivrez. Réfrigérez 30 minutes.

Faites cuire les pommes de terre à la vapeur. Pelez-les, coupez-leur un couvercle dans la longueur et évidez-les légèrement sans les briser. Ajoutez le jus de citron au tartare. Remplissez-en les coques de pommes de terre. Dressez-les par 3 sur des assiettes. Mélangez la crème et le tartare d'algues. Répartissez sur le tartare de harengs.

Tartare de bar et d'ananas à la vanille

coût moyen • facile à réaliser • préparation : 25 min • repos : 1 nuit + 10 min • cuisson : 15 min • pour 4 personnes

1 petite casserole

2 bols - 1 tôle - 1 pinceau

film étirable - papier de cuisson

4 assiettes froides

500 g de filet de bar dépouillé - 1/2 ananas victoria

feuilles de mâche

3 c. à s. d'huile de pépins de raisin - 1 gousse de vanille

1 combava - sel - poivre blanc moulu

Pour les tuiles :

25 g de farine - 1 blanc d'œuf - 25 g de beurre

1 pincée de sucre glace

graines de pavot - sel

1 La veille, faites tiédir l'huile dans une petite casserole. Fendez la gousse de vanille en 2. Raclez la pulpe d'une moitié et ajoutez-la à l'huile. Maintenez sur feu très doux 10 minutes, puis versez dans un bol, couvrez de film étirable et laissez infuser jusqu'au lendemain.

2 Préparez les tuiles : mélangez la farine, le blanc d'œuf détendu à la fourchette, le sucre glace, 1 pincée de sel et le beurre fondu tiède. Laissez reposer 10 minutes.

3 Tapissez une tôle de papier de cuisson. Au pinceau, étalez aussi finement que possible la pâte en disques de 8 cm de diamètre. Parsemez de graines de pavot. Enfournez les tuiles 5 minutes à 210 °C (th. 7) pour les dorer.

4 Coupez le bar et l'ananas pelé en tout petits dés. Mélangez-les avec du sel, du poivre, 1 râpure de zeste de combava et l'huile vanillée. Dressez en dômes sur les assiettes tapissées de mâche. Servez avec les tuiles.

variante

Une recette réalisable avec des saint-jacques, de la daurade, des langoustines ou des gambas. Excellente avec de la mangue ou un mélange ananas-mangue.

truc de cuisinier

Le combava, ou citron kaffir, originaire de l'Inde, fruit d'un limettier à demi sauvage, est recouvert d'une épaisse peau verte granuleuse utilisée fraîche ou sous forme de poudre sèche. Son zeste doit être employé avec parcimonie (attention de ne prélever que la partie verte) tant ses arômes sont puissants. Il peut être remplacé par du zeste de citron vert râpé.

Croustillants de tartare de mérou au lait de coco

coût moyen • délicat à réaliser • préparation : 30 min • réfrigération : 30 min • cuisson : 5 min • pour 4 personnes

1 bol - 1 petite casserole
1 pinceau - 1 jatte
1 plaque à pâtisserie
1 grille - 1 petite râpe
4 assiettes de service

500 g de filet de mérou dépouillé

24 disques de brick de 7 cm

1/2 poivron rouge - 100 g d'ananas

1 citron vert - 2 c. à s. de coriandre ciselée

2 c. à s. de noix de coco râpée - 2 c. à s. de lait de coco non sucré

2 c. à s. d'huile d'arachide - 30 g de beurre

1 petit piment rouge frais - 4 c. à c. d'œufs de poisson (saumon, truite, lump, hareng)

sel - poivre

1 Coupez les filets de mérou en petits dés. Fendez le piment rouge en 2, retirez les graines et hachez-le. Râpez le zeste d'1/4 de citron vert. Mélangez délicatement le mérou, le piment, le zeste, l'huile, le lait de coco et 1 cuillère à soupe de noix de coco râpée, du sel et du poivre. Réfrigérez 30 minutes.

2 Préchauffez le four à 210 °C (th. 7). Faites fondre le beurre, écumez-le, versez-le dans un bol sans faire couler les dépôts blancs.

3 Enduisez les disques de brick de beurre sur les 2 faces. Superposez-les par 2 sur une plaque à pâtisserie beurrée. Couvrez d'une grille pour les empêcher de se déformer. Enfournez-les 5 minutes, le temps de les faire dorer.

4 Coupez l'ananas et le poivron égrainé en petits dés. Ajoutez-les au tartare avec le jus du citron vert et la coriandre. Rectifiez l'assaisonnement. Sur des assiettes de service, alternez les disques de brick et le tartare. Parsemez du reste de noix de coco et déposez 1 petite cuillerée d'œufs de poisson au centre.

variante

Servez le tartare dans des verres, sans les bricks. Surmontez-les d'une salade de jeunes feuilles d'épinards coupées en lanières, mélangées à de la coriandre ciselée et assaisonnées d'1 trait de jus de citron et d'huile d'olive.

truc de cuisinier

Pour éviter les brûlures, manipulez le piment avec des gants. Pour un plat moins fort, utilisez un piment doux. Vous pouvez aussi le remplacer par 1 petite pointe de couteau de pâte de piment d'Espelette ou de harissa.

Fraîcheur de saumon et crevettes

coût moyen • facile à réaliser • préparation : 20 min • réfrigération : 30 min • pour 4 personnes

2 bols - 1 petite poêle -
4 grands verres

**400 g de filet de saumon -
8 crevettes roses cuites -
sel - poivre**

**120 g de chair d'ananas -
120 g de chair de mangue -
120 g de chair de papaye -
2 échalotes - 1 c. à s. de sésame noir - 1/2 c. à s. d'huile**

Pour la sauce :

**2 c. à s. de jus d'orange -
2 c. à s. de jus de citron vert -
4 c. à s. d'huile - 2 c. à c. de moutarde forte - 1 c. à s. de rhum blanc - cannelle - coriandre - curry - sel - poivre**

Dans un bol, émulsionnez tous les ingrédients de la sauce, sauf le jus de citron, avec un soupçon de chaque épice. Coupez le saumon dépouillé et les crevettes en petits dés. Gardez-les au frais. Faites fondre les échalotes hachées dans l'huile. Coupez en petits dés l'ananas, la mangue et la papaye. Mélangez les fruits et la fondue d'échalotes au tartare saumon-crevettes. Assaisonnez de quelques cuillerées de sauce. Mettez au frais dans un récipient hermétique pendant 30 minutes.

Incorporez le jus de citron au tartare, goûtez-le et, si nécessaire, rectifiez l'assaisonnement en rajoutant de la sauce, du sel et du poivre. Répartissez-le dans les verres. Parsemez de sésame noir. Servez avec le reste de sauce à part.

Tartare de haddock croquant

coût moyen • facile à réaliser • préparation : 30 min • dessalage : 1 h • réfrigération : 1 h • pour 4 personnes

1 plat creux - 3 bols - 1 râpe
4 verres réfrigérés

**400 g de filet de haddock -
30 cl de lait**

**1 petite courgette - 1 carotte -
2 côtes de céleri**

**6 radis roses - 1 pomme rouge - 2 petits avocats mûrs et fermes - 4 citrons verts -
4 tomates cerises**

2 c. à s. de boulgour - 4 c. à s. d'huile de tournesol - 1 c. à c. d'huile de noisette - piment d'Espelette

Faites tremper le haddock dans un mélange de lait et d'eau à parts égales pendant environ 1 heure pour le dessaler. Émulsionnez le jus de 3 citrons avec du piment et les 2 huiles. Rincez et séchez le haddock. Enlevez la peau. Coupez-le en petits dés. Mélangez-le avec la moitié de la sauce et le zeste d'1/2 citron vert râpé. Réfrigérez 1 heure.

Pelez la carotte. Lavez et séchez la courgette, les radis et les côtes de céleri effeuillées. Épépinez la pomme et la courgette. Taillez l'ensemble en petits dés. Mélangez avec le boulgour et le reste de sauce. Mettez au frais 30 minutes. Pelez, dénoyautez et coupez 1 avocat en petits dés. Citronnez-les. Mélangez-les au tartare de légumes égoutté. Rectifiez l'assaisonnement. Répartissez les légumes dans le fond de 4 verres. Ajoutez le tartare de haddock. Décorez de lamelles d'avocat citronnées et d'1 tomate cerise fendue en 4.

Tartare de truite rose, râpé de daïkon aux radis roses

coût moyen • facile à réaliser • préparation : 30 min • marinade : 2 h + 2 jours • repos : 30 min • pour 4 personnes

1 plat creux - 1 râpe
1 jatte - 1 égouttoir
4 grandes verrines

500 g de filet de truite rose dépouillé

1 carotte

1 échalote - 2 oignons fanes

1 brin de cerfeuil - 1 brin de thym - 1/2 feuille de laurier

15 cl d'huile d'olive - 2 c. à s. de jus de citron

poivre en grains - gros sel marin

Pour accompagner :

250 g de daïkon - 1/2 botte de radis roses

1 c. à s. de vinaigre de riz

1 c. à s. de sauce soja - 2 c. à c. de sucre - sel - poivre

1 Dans un plat creux, couvrez le filet de truite de gros sel. Laissez-le reposer 2 heures, puis rincez et épongez-le. Remettez-le dans le plat nettoyé avec l'huile, la carotte, l'échalote et les oignons émincés, du poivre concassé, le thym effeuillé et le laurier. Filmez et mettez au frais 48 heures en retournant plusieurs fois le filet.

2 Le jour du service, pelez le daïkon et râpez-le à la grille moyenne. Versez-le dans une jatte avec 15 cl d'eau froide et 1 cuillère à soupe de sel fin. Mélangez et laissez reposer 30 minutes. Nettoyez les radis roses. Gardez-en 4 entiers. Émincez le reste en rondelles.

3 Égouttez soigneusement le daïkon. Mélangez-le avec le vinaigre, la sauce soja, le sucre et les rondelles de radis. Rectifiez l'assaisonnement en sel, poivre et répartissez cette préparation dans les verrines.

4 Égouttez et coupez la truite en dés. Incorporez le jus de citron. Versez ce tartare en dôme sur le lit de daïkon. Décorez d'1 radis et parsemez de pluches de cerfeuil.

variante

Remplacez le daïkon, radis de la taille d'une grosse carotte, le plus souvent blanc et très utilisé en cuisine japonaise, par du radis noir ou éventuellement par 1 demi-chou chinois émincé en lanières.

truc de cuisinier

Avant de faire mariner le filet de truite, repérez les arêtes subsistantes en passant un doigt de la base vers le haut du filet et retirez-les, une à une, avec une pince à épiler.

Tartare de bœuf à la roquette et au brin d'amour

coût moyen • facile à réaliser • préparation : 20 min • pour 4 personnes

1 mini hachoir - 1 jatte
1 grand couteau affûté
1 économe
4 grands verres réfrigérés

500 g de bœuf maigre
100 g de brin d'amour
50 g de feuilles de roquette
2 petits oignons fanes
2 c. à s. d'huile d'olive
2 c. à s. de persil plat ciselé
2 jaunes d'œufs
1 c. à s. de câpres
1 c. à s. de zeste de citron râpé
1 c. à c. de moutarde aux herbes
1 c. à s. de moutarde forte
sauce worcestershire
Tabasco - sel - fleur de sel

1 Pelez et hachez finement les oignons. Hachez le bœuf au couteau.

2 Dans une jatte, mélangez bien le bœuf avec les oignons, les jaunes d'œufs, les moutardes, le zeste de citron, les câpres hachées, le persil, l'huile, quelques gouttes de sauce worcestershire et de Tabasco et du sel.

3 Équeutez et ciselez les feuilles de roquette. Mélangez-les au tartare et, si nécessaire, rectifiez l'assaisonnement.

4 Répartissez le tartare dans 4 verres. Retirez la croûte du brin d'amour. Avec un économe, détachez de petits copeaux que vous ferez tomber sur les tartares.

variante

Utilisez un crottin ou tout autre fromage de chèvre de caractère et bien sec. Remplacez la roquette ciselée par 1 pomme verte détaillée en petits cubes arrosés de jus de citron.

truc de cuisinier

Le brin d'amour est un fromage corse au lait de brebis particulièrement savoureux également appelé Fleur de maquis et aromatisé aux herbes sèches. Procurez-vous un morceau de bœuf entier (rumsteck, contre-filet, aiguillette, tranche grasse). Hachez-le au dernier moment avec un grand couteau. À défaut, demandez à votre boucher de hacher un morceau devant vous et consommez-le dans la journée.

Tartare de bœuf et salade thaïe

bon marché • facile à réaliser • préparation : 30 min • réfrigération : 30 min • pour 4 personnes

1 râpe - 2 jattes - 1 couteau affûté

4 grands verres

500 g de bœuf haché

2 petits oignons fanes

1 tomate olivette

2 c. à c. de gingembre frais râpé - le jus d'1 citron vert

4 c. à s. d'huile d'olive - 2 c. à s. de coriandre ciselée - 1/2 c. à c. de combava en poudre

sel - poivre

Pour la salade :

1/4 de chou chinois - 1/2 concombre

2 carottes - 2 ciboules - 2 piments rouges frais

2 brins de coriandre - 6 feuilles de menthe

3 c. à s. de jus de citron vert - 1 c. à s. de vinaigre de cidre - 2 c. à s. de sauce nam pla - 2 c. à c. de sucre

1 Épépinez et émincez le concombre en bâtonnets. Pelez et râpez les carottes à la grosse grille. Détachez les feuilles de chou. Émincez-les en lanières. Coupez les bulbes de ciboules en lamelles. Ciselez la coriandre et la menthe. Épépinez et hachez les piments.

2 Dans une jatte, mélangez tous les légumes avec le jus de citron vert émulsionné avec le vinaigre de cidre, la sauce nam pla, le sucre et du poivre. Salez et répartissez la salade dans les verres.

3 Hachez finement les oignons. Pelez, épépinez et coupez la tomate en petits dés. Versez-les dans une jatte avec les oignons, le gingembre, le combava, du sel, du poivre et l'huile.

4 Hachez le bœuf au couteau et ajoutez-le dans la jatte. Mélangez, couvrez et mettez au frais 30 minutes. Pour servir, mélangez les feuilles de coriandre ciselées au tartare avec le jus de citron. Rectifiez l'assaisonnement. Répartissez le tartare dans les verres et servez.

variante

Remplacez le chou chinois par 80 g de vermicelles chinois cuits 3 minutes dans de l'eau salée.

truc de cuisinier

Présentez les tartares moulés dans des cercles sur un lit de salade.

Tartare de bœuf épicé

coût moyen • facile à réaliser • préparation : 20 min • réfrigération : 30 min • pour 4 personnes

1 râpe - 1 jatte - 4 verres

600 g de bœuf maigre

2 ciboules

1 c. à s. de persil plat - 1 c. à s. de coriandre - 1 c. à s. de gingembre frais râpé - 1 c. à c. de combava en poudre - 2 c. à s. de sauce soja - 1 c. à s. de xérès sec - 1 c. à s. de vinaigre de Xérès - 2 c. à s. d'huile de sésame - 1 c. à c. de sucre roux - 1/2 gousse d'ail - brins de coriandre - sel - poivre

Mettez les verres au frais. Hachez finement la viande au couteau. Pelez et hachez finement les ciboules. Ciselez la coriandre et le persil plat.

Dans une jatte, faites dissoudre le sucre dans le vinaigre. Ajoutez le Xérès, la sauce soja, l'huile. Mélangez et ajoutez le bœuf, le gingembre râpé, le combava, les herbes ciselées, les ciboules et l'ail dégermé et pilé. Mélangez longuement. Mettez au frais 30 minutes.

Répartissez le tartare dans les verres. Piquez de feuilles de coriandre.

Tartare de canard tout à l'orange

coût moyen • délicat à réaliser • préparation : 30 min • réfrigération : 2 h • pour 4 personnes

1 petite casserole - 3 bols
1 batteur ou 1 fouet
4 verres

2 petits magrets de canard fumés

20 cl + 1 c. à s. de jus d'orange

20 cl de jus d'orange sanguine - 1 orange - 3 c. à s. de jus de citron vert

1,5 feuille de gélatine (3 g) - 15 cl de crème liquide

2 c. à s. d'huile de tournesol - 2 c. à s. d'huile de noisette - 1 c. à s. de Savora® - 1 c. à c. de miel liquide - sel - moulin de cinq baies

Faites réduire 20 cl de jus d'orange à 2 cuillerées avec un peu de sel. Laissez refroidir, mélangez avec la crème liquide et mettez au frais 2 heures dans un bol couvert. Trempez la gélatine dans de l'eau froide 5 minutes. Essorez-la et faites-la dissoudre dans le jus d'orange sanguine filtré et porté à frémissement. Répartissez dans les verrines. Mettez au frais.

Pelez l'orange à vif. Détachez les tranches des membranes. Coupez-les en petits morceaux. Dégraissez les magrets. Coupez-les en petits dés. Mélangez-les avec les jus de citron et d'orange émulsionnés avec le miel, la moutarde et les 2 huiles. Ajoutez les morceaux d'orange. Mettez au frais 30 minutes.

Pour servir, répartissez le tartare égoutté dans les verrines. Fouettez la crème à l'orange jusqu'à ce qu'elle soit ferme. Déposez-en 1 cuillerée dans chaque verrine. Donnez un tour de moulin 5 baies. Présentez le reste de crème à l'orange à part.

Tartare de veau au citron confit, avocat et févettes

coût moyen • facile à réaliser • préparation : 20 min • pour 4 personnes

1 mixeur - 1 jatte

4 coupes de service froides

500 g de veau maigre très froid (filet, noix, quasi)

50 g de févettes fraîches écossées

2 avocats - le jus d'1 citron vert

2 pétales de tomates confites à l'huile

1 c. à s. d'huile d'olive

1 citron confit à l'huile d'olive

1 c. à s. de condiment balsamique - 1 c. à c. de moutarde forte

3 c. à s. d'herbes ciselées (persil plat, ciboulette, estragon)

3 pincées de piment (Espelette, Cayenne)

sel - Tabasco

1. Pelez les avocats. Dénoyautez-les et prélevez la chair avec une cuillère. Mixez-la avec le jus du citron, du sel et 2-3 gouttes de Tabasco. Répartissez cette purée dans les coupes.

2. Retirez la pulpe du citron confit. Rincez le zeste, séchez et hachez-le. Hachez la viande au couteau.

3. Dans une jatte, mélangez la viande hachée avec le citron, le balsamique, la moutarde, le piment, du sel, l'huile et les herbes. La préparation doit être relevée.

4. Ajoutez le tartare dans les coupes. Couvrez de lanières de tomates confites mélangées aux févettes.

variante

Remplacez les févettes par de petits câpres au vinaigre hachés ou par quelques fruits secs, amandes concassées ou pignons légèrement grillés.

truc de cuisinier

Au printemps, les févettes de tout petit calibre se dégustent crues, elles sont parfaites pour cette recette. Si elles sont plus grosses, il faut les ébouillanter, les peler et éventuellement les faire cuire dans de l'eau salée en les gardant croquantes.

Fraîcheur de mangue en tartare de fruits exotiques

coût moyen • délicat à réaliser • préparation : 20 min • cuisson : 5 min • temps de prise du sorbet : 3-4 h • réfrigération : 1 h • pour 4 personnes

1 casserole - 1 sorbetière - 1 mixeur - 1 jatte - 4 cercles à pâtisserie - 4 assiettes froides

1/2 mangue - 1/2 ananas victoria

2 kiwis - 6 litchis - 6 mangoustans

1 morceau de noix de coco fraîche pelée

5 cl de jus d'orange - le jus de 2 citrons verts

10 cl de sirop de canne

1 brin de coriandre

Pour le sorbet :

300 g de pulpe de mangue bien mûre - 2 brins de coriandre

80 g de sucre confiture

2 c. à s. de jus de citron vert - 7 c. à s. de jus d'orange

1. Préparez le sorbet : en remuant, portez le sucre pour confiture et 5 cl d'eau à frémissement. Hors du feu, ajoutez la coriandre ciselée. Couvrez, laissez refroidir. Mixez la pulpe de mangue avec le sirop filtré et les jus d'orange et de citron. Faites prendre en sorbetière 3-4 heures.

2. Pelez l'ananas et les kiwis. Pelez les mangoustans et divisez-les en quartiers. Pelez et dénoyautez les litchis. Coupez tous les fruits en petits dés. Mélangez-les avec le sirop de canne, les jus d'orange et de citron. Réfrigérez 1 heure.

3. Pour servir, entreposez le sorbet à température ambiante 10 minutes. Égouttez les fruits en gardant le sirop. Tassez légèrement les fruits dans des cercles à pâtisserie disposés sur des assiettes. Creusez une petite cavité au centre. Calez-y une boule de sorbet de mangue. Retirez les cercles.

4. Coulez le sirop des fruits tout autour. Décorez de fines lamelles de noix de coco et de feuilles de coriandre.

variante

Servez avec une boule de glace coco ou de sorbet à base de tout autre fruit exotique.

truc de cuisinier

Pour prélever la chair de mangue, tranchez le fruit en 2, sans le peler, de part et d'autre du noyau. Incisez la chair en petits croisillons jusqu'à la peau, retournez les coques et détachez les cubes de chair. Récupérez aussi la pulpe attenante au noyau.

Tartare de fruits jaunes et gelée de lait d'amande

coût moyen • facile à réaliser • préparation : 20 min • cuisson : 5 min • réfrigération : 1 h • pour 4 personnes

2 casseroles - 1 bol
1 jatte - 1 plat
4 verrines
film étirable
papier de cuisson

250 g d'abricots

200 g de nectarines jaunes

300 g de chair de melon charentais

20 cl de lait d'amande (magasin bio)

1,5 feuille de gélatine (3 g)

4 feuilles de verveine citron

100 g de sucre en poudre

2 c. à s. de miel - 5 gouttes d'arôme d'amande amère

1 Trempez la gélatine dans de l'eau froide. Portez le lait d'amande à frémissement avec 30 g de sucre. Hors du feu, mettez-y la gélatine essorée à dissoudre. Ajoutez l'arôme d'amande. Remuez, versez sur 8 à 10 mm d'épaisseur dans un petit plat tapissé de film étirable. Laissez prendre au frais.

2 Dénoyautez les abricots et les nectarines puis coupez-les en petits dés avec le melon. Dans une jatte, mélangez délicatement les fruits avec le miel et la verveine ciselée. Mettez au frais 1 heure.

3 Démoulez la gelée d'amande. Coupez-la en petits dés. Mélangez-les au tartare de fruits. Répartissez dans 4 verrines.

4 Préparez un caramel ambré avec le reste de sucre et 2 cuillerées à soupe d'eau. Laissez-le reposer 1 à 2 minutes afin qu'il épaississe, puis versez-le en fins filets entrelacés sur une feuille de papier de cuisson. Laissez-le durcir, décollez-le en morceaux et piquez-les dans les verres.

variante

Une recette qui convient aussi avec des pêches blanches un peu fermes ou des pêches jaunes plus résistantes, des poires mûres et parfumées.

truc de cuisinier

Préparez le décor caramel peu de temps avant de servir, il ramollit au bout d'1 ou 2 heures.

Tartare de poires aux macarons et sauce chocolat-caramel tiède

coût moyen • facile à réaliser • préparation : 15 min • cuisson : 5 min • pour 4 personnes

1 râpe - 2 casseroles
4 grands verres

4 petites poires - 1 c. à s. de jus de citron

2 macarons secs - 4 noix de pécan - 4 noisettes

40 g de chocolat noir

100 g de sucre

6 c. à s. de crème liquide - 30 g de beurre - 1 pincée de badiane en poudre

Émiettez les macarons. Mélangez-les aux noisettes et aux noix de pécan concassées. Pelez, épépinez les poires. Coupez-les en dés. Arrosez-les de jus de citron. Répartissez-les dans des verres.

Râpez le chocolat. Portez la crème à frémissement avec la badiane. Dans une autre casserole, préparez un caramel avec le sucre humidifié. Dès qu'il a pris une jolie couleur ambrée, ajoutez en remuant le beurre puis peu à peu la crème liquide et le chocolat. Laissez refroidir. Coulez la sauce chocolat-caramel dans les verres. Parsemez du mélange macarons-fruits secs.

Œufs à la neige sur tartare rouge

coût moyen • facile à réaliser • préparation : 30 min • cuisson : 6 min • repos : 30 min • pour 4 personnes

1 casserole - 2 jattes
1 batteur - 1 écumoire
4 grands verres

400 g de fraises - 200 g de framboises - 8 grappes de groseilles

le jus d'1/2 citron - 15 cl de sirop de canne - 1 c. à s. d'eau de fleur d'oranger

2 c. à s. de noix de coco râpée - le zeste d'1/2 citron vert râpé

Pour les œufs à la neige :

50 cl de lait - 1 gousse de vanille - 2 blancs d'œufs - 25 g de sucre semoule

Chauffez le lait avec la gousse de vanille fendue en 2. Battez les blancs en neige puis incorporez peu à peu le sucre et fouettez un instant pour les rendre fermes. Avec une grosse cuillère, déposez 4 boules de neige à la surface du lait juste frémissant. Laissez-les pocher, 3 minutes, retournez-les et pochez-les encore 3 minutes. Avec une écumoire, déposez-les sur un linge pour les égoutter.

Coupez les fraises en dés. Égrappez les groseilles. Dans une jatte, arrosez-les de jus de citron, de sirop de canne et d'eau de fleur d'oranger. Laissez reposer dans un endroit frais en évitant le réfrigérateur, 30 minutes. Mélangez délicatement les framboises coupées en 2 aux fraises. Répartissez le tartare dans 4 verres. Disposez les îles flottantes au centre. Parsemez de noix de coco mélangée au zeste de citron.

Tartare de fruits au thé et sorbet de mascarpone

coût moyen • facile à réaliser • préparation : 10 min • cuisson : 10 min • réfrigération : 30 min • temps de prise du sorbet : 3-4 h • pour 4 personnes

2 jattes
1 batteur électrique
1 sorbetière
1 petite casserole
4 coupes - 1 cuillère à glace

4 pêches jaunes - 2 kiwis

1 poire williams

2 petites bananes

1 brin de menthe

2 c. à s. de miel d'oranger ou de citronnier

1 sachet de thé vert

Pour le sorbet et la finition :

150 g de mascarpone

6 c. à s. de lait - 50 g de sucre - 1 c. à c. de zeste râpé de citron non traité

thé vert en poudre « matcha uji »

1 Préparez le sorbet. En remuant, portez le sucre dissout dans 5 cl d'eau à frémissement. Laissez refroidir. Battez le mascarpone avec le lait. Incorporez le sirop et le zeste de citron. Versez en sorbetière et turbinez. Laissez prendre 3-4 heures.

2 Portez 20 cl d'eau à ébullition. Hors du feu, plongez-y le sachet de thé et la menthe ciselée. Laissez infuser à couvert 4 minutes, puis filtrez le thé, réchauffez-le légèrement et mettez-y le miel à fondre.

3 Pelez et dénoyautez les pêches. Pelez et épépinez la poire. Pelez les bananes et les kiwis. Mettez tous les fruits coupés en dés dans une jatte. Arrosez de thé. Laissez macérer au frais 30 minutes.

4 Répartissez le tartare dans les coupes avec un peu de sirop. Déposez dessus une boule de glace mascarpone. Saupoudrez-la d'un peu de thé vert.

variante

Une recette à préparer aussi avec un mélange de fruits rouges et à servir avec une glace à l'amande ou aux calissons.

truc de cuisinier

Pas de sorbetière ? Versez la préparation de mascarpone dans un bac et faites prendre au congélateur environ 3 heures en remuant toutes les demi-heures.

Tartare bicolore, granité d'agrumes

coût moyen • facile à réaliser • préparation : 30 min • temps de prise du granité : 2-3 h • pour 4 personnes

1 jatte - 1 grand plat peu profond

4 grandes coupes

1 beau melon charentais

100 g de framboises

1 c. à s. rase de sucre

Pour le granité :

20 cl de jus d'orange

5 cl de jus de pamplemousse

5 cl de jus de citron vert

5 cl de jus de citron jaune

2 brins de menthe

4 c. à s. de miel liquide

1 c. à s. d'eau de fleur d'oranger

1 Faites dissoudre le miel dans tous les jus mêlés à l'eau de fleur d'oranger. Versez la préparation dans un grand plat sur une épaisseur maximale de 3 cm. Glissez-le au congélateur 2-3 heures.

2 Dès que la préparation commence à geler sur le bord, ratissez régulièrement le bord et le fond du plat avec une fourchette pour en détacher les paillettes et les ramener vers le centre, jusqu'à ce que toute la préparation soit pailletée.

3 Pelez le melon, retirez les pépins et coupez-le en petits dés. Répartissez-les dans des coupes. Écrasez les framboises à la fourchette avec le sucre. Nappez-en le melon.

4 Pour servir, répartissez le granité dans les verres. Servez aussitôt, il fond vite !

variante

Servez avec un granité ou un sorbet au muscat doux (beaumes-de-venise) ou à un vieux pineau blanc des Charentes.

truc de cuisinier

Il faut servir le granité dans l'heure qui suit sa prise ; plus tard, il se transforme en bloc de glace. On le rattrape en le mixant pendant quelques secondes par impulsion dans la cuve du robot.

Carpaccio d'avocat et tartare de pêches au chèvre et aux noix

bon marché • facile à réaliser • préparation : 20 min • réfrigération : 30 min • pour 4 personnes

1 petite râpe - 2 bols
4 assiettes

4 petits avocats - 2 belles pêches jaunes

100 g de chèvre frais ferme - 8 cerneaux de noix

3 c. à s. d'huile de pépins de raisin - 1 citron vert 1/2

1/2 citron confit à l'huile

piment en poudre

sel - poivre

Râpez le zeste d'1 quart de citron vert. Retirez la pulpe du citron confit, hachez finement le zeste. Pelez et dénoyautez les pêches. Coupez-les en petits dés. Arrosez-les du jus d'1 demi-citron. Ajoutez les zestes et du poivre. Mélangez, couvrez de film étirable et réfrigérez 30 minutes.

Émulsionnez le jus d'1 citron avec du sel, du poivre, 1 à 2 pincées de piment et l'huile. Badigeonnez 4 assiettes de service d'un peu de sauce et mettez-les au frais. Versez le reste de sauce dans un bol et couvrez de film étirable.

Juste avant de servir, émincez la chair des avocats en fines lamelles. Étalez-les sur les assiettes. Badigeonnez-les du reste de sauce. Émiettez les cerneaux de noix et mélangez-les avec le chèvre coupé en petits dés au tartare de pêches. Dressez-le en dôme au centre des assiettes. Servez aussitôt.

Carpaccio de pêches et de mozzarella à l'huile parfumée

bon marché • facile à réaliser • macération : 24 h • préparation : 15 min • pour 4 personnes

1 bol - 1 mixeur
4 assiettes de service froides

2 pêches jaunes - 2 boules de mozzarella di bufala - 8 tranches de bresaola

le jus d'1 citron - 1 bouquet de persil plat - 2 brins de menthe

4 c. à s. d'huile d'olive - 1 c. à s. de condiment balsamique ou de vinaigre de cidre

sel - poivre du moulin

La veille, effeuillez la menthe et le persil. Réservez quelques feuilles pour la finition. Mixez finement le reste avec l'huile, le condiment balsamique ou le vinaigre, du sel et du poivre. Couvrez de film étirable. Laissez macérer.

Pelez et dénoyautez les pêches. Émincez-les en fines lamelles. Arrosez-les de jus de citron. Coupez les boules de mozzarella en 2 puis en lamelles. Étalez, en les panachant, les lamelles de pêches et de mozzarella sur 4 assiettes réfrigérées.

Arrosez d'huile aux herbes. Donnez un tour de moulin de poivre. Déposez les tranches de bresaola froissées au centre des assiettes. Ciselez les feuilles de persil et de menthe restantes. Répartissez-les sur le carpaccio.

Carpaccio de cèpes et dés de foie gras aux noisettes

coût élevé • facile à réaliser • préparation : 30 min • réfrigération : 1 h • pour 4 personnes

1 poêle - 1 pinceau
1 bol - 6 assiettes
film étirable

200 g de foie gras mi-cuit très froid

12 petits cèpes très fermes

100 g de roquette

1 cuil. à soupe 1/2 de jus de citron

3 cuil. à soupe d'huile d'olive

2 cuil. à soupe d'huile de noisette

20 noisettes décortiquées

1 cuil. à soupe de liqueur de noisette (facultatif)

sel - poivre

1 Faites griller légèrement les noisettes puis laissez-les refroidir et concassez-les finement. Coupez le foie gras en cubes. Roulez-les dans la poudre de noisettes étalée sur une assiette. Mettez-les au frais sur une assiette recouverte de film étirable 1 heure.

2 Dans un bol, émulsionnez le jus de citron avec du sel, du poivre. Incorporez l'huile d'olive, l'huile de noisette et la liqueur. Enduisez 4 assiettes d'une couche de sauce.

3 Coupez la base des cèpes et nettoyez-les. Détaillez-les en fines lamelles. Étalez-les sur les assiettes. Badigeonnez-les de sauce avec un pinceau.

4 Lavez et équeutez la roquette. Assaisonnez-la du reste de sauce, dressez-la en dôme au centre des assiettes. Éparpillez les cubes de foie gras sur les cèpes et servez.

variante

Pour un coût réduit, remplacez les cèpes par des champignons de Paris très frais et le foie gras par des copeaux de vieille mimolette.

truc de cuisinier

Pour nettoyer les cèpes, essuyez-les soigneusement avec un torchon mouillé. S'ils sont très sales, lavez-les rapidement à l'eau courante, sans les laisser tremper pour préserver leur fermeté et leur parfum. Pour réduire les noisettes en poudre, glissez-les entre deux feuilles de papier sulfurisé et réduisez-les en poudre un peu grossière au rouleau à pâtisserie.

Carpaccio de courgettes et feta sur gelée de tomate

bon marché • facile à réaliser • préparation : 30 min • réfrigération : 2 h • pour 4 personnes

2 bols - 1 petite casserole
1 poêle - 1 plat
film étirable
4 assiettes creuses

4 toutes petites courgettes

80 g de feta

30 g de pignons de pin

8 brins de ciboulette

20 cl de jus de tomate

1 c. à s. de vinaigre de Xérès

2 c. à s. de jus de citron jaune - 2 c. à s. de jus de citron vert

1 c. à s. de condiment balsamique blanc

2 c. à s. d'huile d'olive

1,5 feuille de gélatine (3 g)

Tabasco - sel de céleri

sel fin - poivre

1 Entreposez les assiettes au frais. Faites tremper la gélatine dans de l'eau froide. Assaisonnez le jus de tomate de sel fin, de sel de céleri, de 3 à 4 gouttes de Tabasco et de vinaigre de Xérès. Chauffez 10 cl de jus, mettez-y la gélatine essorée à dissoudre. Mélangez au jus restant. Répartissez dans les assiettes. Laissez prendre au frais.

2 Faites griller les pignons en les remuant dans une poêle. Éliminez les extrémités des courgettes puis coupez-les en très fines rondelles.

3 Étalez les rondelles de courgettes sur un plat. Enduisez-les des jus de citrons battus avec le condiment balsamique, l'huile d'olive, du sel et du poivre. Couvrez de film étirable. Réfrigérez 2 heures.

4 Étalez les rondelles de courgettes en les faisant se chevaucher sur la gelée de tomate prise. Parsemez de pignons, de la feta émiettée et de brins de ciboulette ciselés et servez sans attendre.

variante

Parsemez les courgettes de miettes de fromage de chèvre frais malaxé avec du piment de Cayenne, de la ciboulette ciselée et une très bonne huile d'olive.

truc de cuisinier

Choisissez des courgettes de petite taille, elles auront moins de pépins. Si elles sont plus grosses, coupez-les en 2 et retirez le cœur avant de les émincer. Pour les couper finement, utilisez une mandoline.

Cutipol

Carpaccio de poivrades au tartare de tomates

coût moyen • facile à réaliser • préparation : 20 min • réfrigération : 7 h • pour 4 personnes

1 tamis - 6 assiettes
4 moules demi-sphériques
2 bols
1 pinceau - 1 linge
film étirable

8 à 12 artichauts poivrade
4 tomates olivettes
1 crottin de chèvre bien sec sans croûte
le jus de 3 citrons + 1 c. à s.
1 c. à s. de vinaigre balsamique
5 c. à s. d'huile d'olive
4 brins de basilic
4 c. à s. d'herbes ciselées (basilic, persil plat, coriandre, ciboulette)
1 c. à c. de graines de coriandre
sel - poivre

1. Pelez les tomates, retirez les graines et débitez la chair en petits dés. Dans un tamis disposé sur une assiette, salez-les légèrement. Plaquez un linge sur les tomates et lestez d'une autre assiette. Laissez égoutter au frais 6 heures.

2. Mélangez la chair de tomate au vinaigre émulsionné avec 1 cuillère à soupe de jus de citron, 2 cuillères à soupe d'huile d'olive, les graines de coriandre concassées, du sel et du poivre. Ajoutez le crottin émietté et les herbes ciselées. Tassez dans 4 moules tapissés de film étirable. Réfrigérez 1 heure.

3. Cassez la queue des artichauts, retirez les feuilles dures pour ne garder que le cœur tendre, raccourcissez la pointe des 2/3 et émincez-les en fines lamelles dans la hauteur. Plongez-les aussitôt dans de l'eau glacée additionnée du jus de 2 citrons.

4. Émulsionnez le jus d'1 citron avec du sel, du poivre et 3 cuillères à soupe d'huile d'olive. Égouttez et séchez les lamelles d'artichauts. Étalez-les en rosace sur 4 assiettes. Badigeonnez-les de sauce. Démoulez les tartares de tomates au centre. Retirez le film. Décorez de brins de basilic.

variante

Pour un bel effet visuel, mélangez des tomates de couleurs variées, rouges, jaunes, noires.

truc de cuisiner

Le meilleur artichaut à manger cru, l'épineux, originaire de Gênes en Italie, est un peu plus difficile à trouver que les petits artichauts tendres appelés « poivrade », variété précoce à choisir avec des feuilles cassantes, d'un vert bleuté, qui ne doivent pas être recroquevillées vers l'intérieur. Selon leur taille, comptez-en 2 à 3 par personne.

Carpaccio bicolore façon créole et salade de mangues

coût moyen • facile à réaliser • préparation : 30 min • réfrigération : 1 h 30 • pour 4 personnes

1 petit hachoir - 1 bol - 1 jatte - 1 râpe - 4 assiettes

200 g de filet de thon rouge

200 g de filet d'espadon

2 mangues - 1/4 d'oignon rouge

1 c. à s. de jus d'orange

1/2 c. à s. de jus de citron

2 c. à s. d'huile neutre - 2 c. à s. d'huile de noisette

2 c. à c. de miel liquide - 1 piment antillais

sel - poivre

Pour la sauce :

3 cives - 2 échalotes

1 gousse d'ail - 4 c. à s. d'huile

le jus d'1 citron vert - 1/2 piment antillais

1 brin de thym sec - sel - poivre

1 Émulsionnez les jus d'orange et de citron avec les huiles, le miel et du poivre. Pelez et dénoyautez les mangues. Râpez la pulpe à la grille moyenne. Mélangez-la avec la sauce. Réfrigérez 30 minutes.

2 Pour la sauce, pelez et hachez les cives et les échalotes. Piquez la gousse d'ail sans la peler. Égrainez et hachez le demi-piment. Dans un bol, mélangez l'ensemble avec le jus de citron, le thym effeuillé, du sel, du poivre. Ajoutez l'huile et 5 cl d'eau chaude. Laissez macérer 30 minutes, retirez la gousse d'ail.

3 Nappez les assiettes d'une fine couche de sauce. Émincez les deux poissons en très fines lamelles. Disposez-les sur les assiettes en les faisant se chevaucher légèrement et en alternant les couleurs. Nappez du reste de sauce. Parsemez du piment épépiné et coupé en rondelles. Couvrez de film étirable et réfrigérez 1 heure.

4 Mélangez la salade de mangues avec l'oignon rouge ciselé. Dressez-la au centre des assiettes.

variante

À la place de la mangue, préparez une salade de papayes vertes ou de papayes mélangées à des pitayas. Vous pouvez aussi remplacer le thon rouge par du saumon frais.

truc de cuisinier

Choisissez des mangues mûres et parfumées mais fermes. Pelez-les et râpez-les autour du noyau en les faisant tourner lentement sur elles-mêmes.

Carpaccio de bar, pistaches et épinards à l'orange

coût élevé • facile à réaliser • préparation : 20 min • réfrigération : 30 min • pour 4 personnes

1 saladier - 1 bol
1 zesteur
1 petite casserole
4 assiettes de service

400 g de filet de bar dépouillé

120 g de pousses d'épinards

2 cuil. à soupe de vinaigre balsamique

2 cuil. à soupe d'huile de pistache

2 cuil. à soupe d'huile de pépins de raisin

2 cuil. à soupe d'huile d'olive

20 g de pistaches vertes

poivre blanc du moulin

1 orange bio

1 citron non traité

sel fin - fleur de sel

1 Prélevez en filaments 1 cuillère à café de zestes de citron et d'orange. Portez-les 2 fois de suite à frémissement, 2 minutes dans de l'eau froide. Rincez et séchez-les.

2 Concassez grossièrement les pistaches. Fouettez le vinaigre balsamique avec du sel, du poivre, puis incorporez l'huile de pistache et de pépins de raisin. Badigeonnez les assiettes froides d'un peu de sauce. Tranchez le bar en très fines lamelles. Étalez-les sur les assiettes.

3 Ajoutez les pistaches concassées à la sauce. Répartissez-la sur le bar. Parsemez d'un peu de fleur de sel. Donnez plusieurs tours de moulin à poivre. Couvrez de film étirable. Mettez les assiettes au frais 30 minutes.

4 Assaisonnez les pousses d'épinards avec 2 cuillères à soupe de jus d'orange et 2 cuillères à soupe de jus de citron émulsionnées avec du sel, du poivre et l'huile d'olive. Ajoutez les zestes. Mélangez. Dressez au centre des assiettes ou servez à part dans des coupelles.

variante

Une recette qui se prépare aussi avec de la daurade, de la julienne, de la lotte, du capitaine, du lieu, ou tout autre poisson à chair blanche très frais.

truc de cuisinier

Concassez les pistaches dans un pilon ou glissez-les dans un sac de congélation et écrasez-les au rouleau à pâtisserie. Évitez de les mixer, elles rendent de l'huile et s'agglutinent en pâte.

Carpaccio de cabillaud aux herbes

coût moyen • facile à réaliser • préparation : 20 min • réfrigération : 1 h • pour 4 personnes

4 assiettes - 1 saladier

400 g de filet de cabillaud - 120 g d'olives noires

4 c. à s. d'huile d'olive - le jus d'1/2 citron - fleur de sel - poivre

Pour la garniture :

1 bouquet de ciboulette - 1 bouquet d'aneth - 1 bouquet d'estragon - 1 bouquet de persil - 1 bouquet de coriandre

1 c. à s. de condiment balsamique blanc - 2 c. à s. d'huile d'olive - sel - poivre blanc du moulin

Badigeonnez 4 assiettes du jus de citron mélangé à 2 cuillères à soupe d'huile d'olive. Parsemez de fleur de sel et donnez un tour de moulin à poivre. Coupez le filet de cabillaud en lamelles translucides. Étalez-les sur les assiettes. Arrosez du reste d'huile. Parsemez de fleur de sel. Poivrez au moulin. Couvrez de film étirable et mettez au frais 1 heure.

Émulsionnez le condiment balsamique avec du sel, du poivre et l'huile. Ciselez la ciboulette. Équeutez, lavez et séchez les autres herbes. Dans un saladier, assaisonnez-les de cette sauce. Dénoyautez et concassez les olives. Répartissez-les sur le carpaccio. Dressez les herbes au centre.

Carpaccio de mérou aux légumes

coût élevé • facile à réaliser • préparation : 20 min • cuisson : 17 min • réfrigération : 2 h • pour 4 personnes

1 râpe - 1 casserole - 1 sauteuse - 4 assiettes

400 g de filet de mérou

le jus de 2 citrons verts - 4 c. à s. d'huile d'olive

100 g de carottes - 100 g de chou blanc

1 poivron rouge - 100 g de haricots verts - 100 g de fleurette de brocoli - 2 piments rouges forts ou doux

1 oignon rouge - 2 gousses d'ail - 30 g de gingembre frais - 1 c. à c. de curcuma - 1 c. à s. de vinaigre de cidre - sel - poivre blanc

Pelez les carottes. Retirez les graines du poivron. Émincez l'ensemble en petits bâtonnets. Effilez et coupez les haricots verts en 2. Râpez le chou. Tranchez les bouquets de brocoli en fines lamelles. Plongez tous les légumes 2 minutes dans de l'eau bouillante salée. Égouttez-les. Équeutez et coupez les piments en rondelles. Retirez les graines.

Faites revenir le gingembre haché avec l'oignon et les gousses d'ail dégermées dans la moitié de l'huile 5 minutes. Ajoutez les légumes préparés et saupoudrez de curcuma. Faites cuire 10 minutes, ajoutez le vinaigre, mélangez bien puis laissez refroidir, rectifiez l'assaisonnement et gardez au frais environ 2 heures.

Émulsionnez le jus de citron avec du sel, du poivre et l'huile d'olive. Badigeonnez les assiettes froides d'un peu de sauce. Émincez les filets de mérou en fines lamelles. Étalez-les sur les assiettes. Poivrez au moulin. Mettez au frais 5 minutes. Pour servir, arrosez du reste de sauce et dressez le mélange de légumes au centre des assiettes.

Carpaccio de flétan au fenouil et à l'aneth

coût élevé • facile à réaliser • préparation : 20 min • réfrigération : 30 à 45 min • pour 4 personnes

1 bol
1 couteau bien affûté
1 mandoline
4 assiettes de service
film étirable

400 g de filet de flétan dépouillé
1 bulbe de fenouil
2 petits oignons nouveaux
2 c. à s. de jus de citron
4 c. à s. d'huile d'olive
1 c. à s. de vin blanc
1 c. à s. de pastis
1 c. à c. rase de sucre
1 c. à s. de poivres et de baies roses mélangés
sel - poivre du moulin

1. Émulsionnez le jus de citron avec le vin blanc, le pastis, le sucre, du sel, les poivres et baies roses concassés, puis incorporez l'huile.

2. Enduisez les assiettes d'une fine couche de sauce. Tranchez le poisson en très fines lamelles. Étalez-les sur les assiettes.

3. Éliminez les feuilles extérieures fibreuses du bulbe de fenouil. Coupez la base et le plumet (réservez ce dernier). Débitez le bulbe en fines lamelles avec une mandoline. Éparpillez-les sur le carpaccio.

4. Arrosez du reste de sauce mélangée aux oignons nouveaux finement hachés. Donnez deux tours de moulin à poivre. Couvrez de film étirable. Mettez au frais 30 à 45 minutes. Pour servir, parsemez de pluches de fenouil.

variante

Le flétan peut être remplacé par tout autre poisson à chair blanche très frais – daurade, julienne, empereur, capitaine –, et le fenouil par des artichauts poivrade à citronner abondamment.

truc de cuisinier

Il vaut mieux choisir 1 ou 2 tout petits bulbes de fenouil, plus tendres et moins fibreux qu'1 bulbe de plus gros calibre.

Carpaccio de lotte aux pamplemousses

coût élevé • facile à réaliser • préparation : 20 min • cuisson : 6 min • pour 4 personnes

1 petite poêle
1 couteau bien affûté
1 bol
1 petite casserole
4 assiettes de service réfrigérées

400 g de filet de lotte dépouillé

2 pamplemousses blancs

1 pamplemousse rouge

le jus d'1 citron

4 cuil. à soupe d'huile d'olive

1 cuil. à café de miel liquide

1 cuil. à café de graines de coriandre

sel - Tabasco

1 Faites légèrement griller les graines de coriandre en les remuant dans une poêle. Émulsionnez le jus d'1 pamplemousse à chair blanche avec le jus de citron, du sel, le miel, 2 à 3 gouttes de Tabasco et l'huile.

2 Pelez les pamplemousses restants à vif. Détachez les tranches des membranes qui les séparent. Grattez soigneusement le duvet blanc de 2 bandes de zeste.

3 Coupez les bandes de zeste en fins bâtonnets. Plongez-les dans de l'eau bouillante 2 minutes, rafraîchissez et égouttez-les. Recommencez 2 fois cette opération. Émincez les tranches de pamplemousse en 2 dans l'épaisseur.

4 Coupez le filet de lotte en lamelles translucides. Répartissez-les sur des assiettes de service en les intercalant de lamelles de pamplemousse. Arrosez de sauce. Parsemez des zestes et de graines de coriandre concassées.

variante

Remplacez les pamplemousses par un mélange d'oranges douces et d'oranges sanguines. Confectionnez la vinaigrette avec un mélange de jus d'orange et de citron.

truc de cuisinier

Le filet de lotte doit être d'une fraîcheur irréprochable. Demandez au poissonnier de retirer soigneusement la peau foncée et la membrane blanche qui se trouve en dessous.

Carpaccio de loup et bavarois de poivrons rouges

coût élevé • délicat à réaliser • préparation : 20 min • cuisson : 20 min • réfrigération : 4 h • pour 4 personnes

1 cocotte - 1 casserole
1 mixeur - 1 jatte
1 fouet - 4 petits moules
4 assiettes réfrigérées

400 g de filet de loup dépouillé

le jus d'1/2 citron - 4 brins de cerfeuil - 4 c. à s. d'huile d'olive

poivres mélangés (noir, blanc, vert et baies roses) - sel

Pour le bavarois :

2 gros poivrons rouges

10 cl de bouillon de volaille - 10 cl de crème liquide

4 feuilles de gélatine (8 g) - piment d'Espelette (ou de Cayenne) - sel

1 Passez les poivrons au four chauffé au maximum jusqu'à ce que leur peau cloque et brunisse, puis enfermez-les dans une cocotte et laissez-les tiédir.

2 Retirez le pédoncule, les graines et cloisons blanches des poivrons et pelez-les. Trempez les feuilles de gélatine dans de l'eau froide 10 minutes. Essorez-les et faites-les dissoudre dans le bouillon chaud. Mixez finement les poivrons avec le bouillon, du sel et du piment. Laissez refroidir en remuant souvent.

3 Lorsque la purée est sur le point de gélifier, incorporez délicatement la crème liquide fouettée. Rectifiez l'assaisonnement. Répartissez dans 4 moules rincés à l'eau froide. Couvrez de film étirable. Réfrigérez 4 heures.

4 30 minutes avant de servir, tranchez le filet de loup en fines lamelles. Fouettez le jus de citron avec du sel et l'huile d'olive. Enduisez 4 assiettes de sauce. Étalez les lamelles de loup. Badigeonnez-les du reste de sauce. Poivrez au moulin. Couvrez les assiettes de film étirable. Réfrigérez 20 minutes. Démoulez les bavarois au centre des assiettes et décorez de pluches de cerfeuil.

variante

Remplacez les poivrons par 4 belles tomates peu aqueuses, cuites avec des aromates jusqu'à évaporation totale de l'eau.

truc de cuisinier

Assaisonnez généreusement la purée de poivrons, le goût s'affadit en refroidissant. Le piment d'Espelette remplace agréablement le poivre.

Carpaccio de rascasse aux radis roses

coût élevé • facile à réaliser • préparation : 25 min • réfrigération : 30 min • pour 4 personnes

1 bol - 1 jatte
4 grands verres

400 g de filet de rascasse

4 radis roses - 2 brins d'aneth

2 c. à s. de jus de citron

4 c. à s. d'huile d'olive

1 c. à s. de vin blanc - 1 c. à s. de pastis - 1 c. à c. rase de sucre

sel fin - fleur de sel - poivre blanc du moulin

Pour la salade :

150 g de pousses d'épinards

1 orange bio - 1 citron non traité - 2 c. à s. d'huile d'olive - sel - poivre

1 Prélevez en filaments 1 cuillère à café de zestes de citron et d'orange. Portez-les 2 fois de suite à frémissement 2 minutes dans de l'eau froide. Rincez et séchez-les.

2 Émulsionnez le jus de citron avec le vin blanc, le pastis, le sucre, du sel, du poivre, puis ajoutez l'huile en filet. Tranchez le poisson en très fines lamelles. Nettoyez les radis et coupez-les en lamelles dans la longueur. Rassemblez-les dans une jatte.

3 Arrosez le mélange de sauce. Parsemez d'un peu de fleur de sel. Donnez plusieurs tours de moulin à poivre. Couvrez de film étirable. Mettez au frais 30 minutes.

4 Assaisonnez les épinards avec 2 cuillères à soupe de jus d'orange et 2 cuillères à soupe de jus de citron émulsionnées avec du sel, du poivre et l'huile. Ajoutez les zestes. Mélangez. Répartissez dans les verres. Ajoutez le carpaccio et l'aneth en peluches.

variante

Une recette qui se prépare aussi avec de la daurade, de la julienne, de la lotte, du capitaine, du lieu, ou tout autre poisson à chair blanche très frais.

truc de cuisinier

Utilisez des pousses d'épinards, les petites feuilles sont particulièrement agréables en salade. Pour profiter de leur croquant, assaisonnez-les au dernier moment.

Carpaccio de saint-jacques aux amandes

coût élevé • facile à réaliser • préparation : 20 min • congélation : 20 min • pour 4 personnes

1 couteau bien affûté
film étirable
1 petite poêle
4 assiettes réfrigérées

12 grosses noix de saint-jacques fraîches

2 cuil. à soupe d'huile de pépins de raisin

1 cuil. à soupe d'huile d'amande

20 g d'amandes pelées

fleur de sel

poivre blanc du moulin

1 Lavez et séchez les noix de Saint-Jacques. Enveloppez-les bien serrées dans du film étirable. Mettez-les au congélateur 20 minutes pour les raidir. Coupez les amandes en bâtonnets. Faites-les légèrement griller en les remuant dans une poêle.

2 Déballez les noix de saint-jacques et émincez-les en lamelles de 3 mm d'épaisseur. En les faisant se chevaucher légèrement, alignez-les sur les assiettes de service.

3 Mélangez les 2 huiles. Badigeonnez-en les saint-jacques. Parsemez de fleur de sel et poivrez.

4 Juste au moment de servir, éparpillez les bâtonnets d'amandes sur les assiettes.

variante

Pour un plat festif, remplacez les huiles par de l'huile de truffe et les amandes par des lamelles de truffes ou des pelures égouttées.

truc de cuisinier

Achetez des coquilles entières, évitez les noix décoquillées conservées sur un lit de glace qui altère la subtilité de leur chair.

Carpaccio de bœuf comme à Venise

coût moyen • facile à réaliser • préparation : 15 min • congélation : 30 min • pour 4 personnes

1 bol - film étirable
1 couteau bien affûté
1 pinceau - 4 assiettes froides

400 g de bœuf (rumsteck, faux-filet)

1 jaune d'œuf

10 cl d'huile d'arachide

2 c. à s. de crème fraîche - 1 c. à s. de sauce worcestershire

2 c. à c. de moutarde douce - 1 c. à c. de cognac

sel - poivre

Emballez le rumsteck, bien serré, dans du film étirable. Entreposez-le au congélateur 30 minutes. Mettez 4 assiettes de service au réfrigérateur.

Dans un bol, mélangez la moutarde, le jaune d'œuf et 1 pincée de sel. En remuant sans cesse, versez l'huile en filet comme pour une mayonnaise. Lorsque la sauce est ferme, incorporez la crème, la sauce worcestershire et le cognac.

Au pinceau, badigeonnez les assiettes réfrigérées d'un peu de sauce. Déballez et coupez le rumsteck en très fines tranches. Étalez-les sur les assiettes. Arrosez du reste de sauce versée en zigzag avec une cuillère. Poivrez au moulin.

Carpaccio de canard fumé aux fruits frais

coût moyen • facile à réaliser • préparation : 15 min • réfrigération : 30 min • pour 4 personnes

4 assiettes de service
1 jatte - 1 pinceau
1 couteau bien affûté
film étirable

2 magrets de canard fumés

1/2 ananas victoria - 2 kiwis

8 kumquats - le jus d'1 citron vert

2 c. à s. de vinaigre balsamique - 2 c. à s. d'huile d'olive - le jus d'1/2 orange

1 c. à c. de miel liquide

sel - poivre blanc du moulin

Émulsionnez le vinaigre avec le miel, le jus d'orange et l'huile d'olive, salez, poivrez. Dégraissez le magret puis tranchez-le dans la longueur en tranches aussi fines que possible. Étalez les lamelles sur 4 assiettes. Badigeonnez-les de sauce. Couvrez de film étirable et mettez au frais 30 minutes.

Pelez l'ananas et les kiwis. Coupez-les en dés. Mélangez-les et arrosez du jus de citron. Donnez un tour de moulin à poivre. Coupez les kumquats en fines rondelles et, si nécessaire, retirez les pépins.

Pour servir, répartissez les dés d'ananas et de kiwis sur le tour des assiettes et les rondelles de kumquats sur le carpaccio.

Carpaccio de bœuf aux aromates et mimolette

coût moyen • facile à réaliser • préparation : 15 min • congélation : 30 min • pour 4 personnes

1 bol - 1 mixeur

1 poêle - 1 couteau bien affûté - 1 plat

film étirable - 1 économe

4 assiettes de service réfrigérées

400 g de rumsteck

80 g de mimolette vieille ou extra-vieille

8 petits champignons de Paris - 2 c. à s. de pignons de pin

4 c. à s. d'huile d'olive

2 c. à s. de vinaigre balsamique - le jus d'1 citron

4 brins de cerfeuil - 4 brins de roquette

2 brins de basilic à petites feuilles - sel - poivre du moulin

1 Emballez la viande, bien serrée, dans du film étirable. Mettez-la au congélateur 30 minutes. Faites légèrement griller les pignons en les remuant dans une poêle.

2 Mélangez la moitié du jus de citron avec le vinaigre, du sel puis la moitié de l'huile. Enduisez les assiettes d'un peu de sauce. Déballez et coupez le bœuf en fines lamelles. Étalez-les sur un plat. Enduisez du reste de sauce. Poivrez au moulin. Mixez le reste d'huile avec les feuilles de basilic.

3 Au dernier moment, nettoyez et coupez les champignons en lamelles. Citronnez-les et dressez-les harmonieusement au centre des assiettes avec le cerfeuil effeuillé et la roquette.

4 Parsemez des pignons et coulez de petites touches d'huile au basilic. Disposez le bœuf au centre. Au-dessus des assiettes, détachez des copeaux de mimolette à l'économe.

variante

Remplacez les champignons par des lamelles d'artichauts violets ou par des cœurs d'artichauts en conserve à l'huile.

truc de cuisinier

Du bœuf ultrafrais et de bonne qualité s'impose. Après congélation, coupez-le en tranches fines. Alignez les tranches sur du papier sulfurisé, couvrez d'une deuxième feuille et aplatissez-les avec un rouleau à pâtisserie, elles auront la finesse désirée.

Carpaccio de bresaola à la pomme verte

coût moyen • facile à réaliser • préparation : 30 min • réfrigération : 30 min • pour 4 personnes

1 fourchette - 3 bols - 4 assiettes de service

24 fines tranches de bresaola - 100 g de fromage de chèvre frais

50 g de gorgonzola

2 c. à s. de vinaigre balsamique - 4 c. à s. d'huile d'olive

2 c. à c. de miel - 2 pincées de zestes de citron râpés

2 pincées de gingembre râpé - sel - poivre

Pour l'émincé de légumes :

2 pommes vertes - 1 carotte - 1/2 courgette

1/2 poivron jaune - 1/2 poivron rouge

1 côte tendre de céleri - 4 radis rouges

1 citron - 2 c. à s. d'huile d'olive - 2 brins d'origan frais - fleur de sel - poivre du moulin

1 À la fourchette, mélangez intimement le fromage frais avec le gorgonzola et du poivre. Incorporez les zestes et le gingembre râpés. Gardez au frais.

2 Pelez la carotte. Coupez-la en tout petits dés avec la courgette et les poivrons épépinés, la côte de céleri (gardez 6 feuilles tendres), les radis. Mélangez le tout avec le jus d'1 demi-citron, l'huile, l'origan effeuillé, de la fleur de sel et plusieurs tours de moulin à poivre. Réfrigérez 30 minutes avant d'incorporer les feuilles de céleri finement ciselées.

3 Délayez le miel dans le vinaigre et émulsionnez avec l'huile d'olive. Badigeonnez les assiettes d'une fine couche de sauce. Épépinez et coupez les pommes sans les peler en fines rondelles. Citronnez-les.

4 Étalez les tranches de bresaola intercalées de rondelles de pomme sur les assiettes. Au pinceau, enduisez-les de sauce. Parsemez du fromage émietté. Dressez les légumes au centre.

variante

Remplacez la bresaola par de la viande des Grisons finement tranchée ou du filet de bœuf et le gorgonzola par du roquefort.

truc de cuisinier

Pour émincer les légumes, coupez-les d'abord en tranches de l'épaisseur désirée, puis émincez-les en bâtonnets de même section, et enfin en petits cubes.

Carpaccio de bœuf, pistou de noix et roquefort

coût moyen • facile à réaliser • préparation : 20 min • réfrigération : 30 min • pour 4 personnes

1 jatte - 1 couteau bien affûté
1 mortier - 1 pinceau
4 assiettes froides
film étirable

400 g de rumsteck de bœuf
60 g de roquefort
8 cerneaux de noix
3 brins de cerfeuil
poivre du moulin

Pour la sauce :
1/2 bouquet de persil plat
1/2 bouquet de cerfeuil
50 g de cerneaux de noix
1/4 de gousse d'ail
2 c. à s. d'huile neutre
2 c. à s. d'huile de noix
sel - poivre

1. Emballez le morceau de bœuf, bien serré, dans du film étirable. Entreposez-le au congélateur 30 minutes.

2. Préparez la sauce : équeutez et plongez les feuilles de persil dans de l'eau salée 5 secondes. Rafraîchissez-les puis pressez-les pour en éliminer l'eau. Pilez-les en pâte avec le cerfeuil en pluches, les cerneaux de noix, l'ail dégermé, du sel, du poivre. Incorporez les 2 huiles et un peu d'eau chaude pour obtenir une sauce légère.

3. Concassez les cerneaux de noix. Badigeonnez les assiettes d'une fine couche de pistou de noix. Déballez le bœuf et émincez-le en tranches aussi fines que possible. Étalez-les sur les assiettes. Enduisez-les du reste de pistou. Donnez plusieurs tours de moulin.

4. Répartissez le roquefort en miettes sur le carpaccio, versez la sauce en filet. Décorez de pluches de cerfeuil.

variante

Le rumsteck peut être remplacé par de la viande de bœuf séchée (elle doit être tranchée très finement) ou du magret de canard frais dégraissé. Cette recette se prépare aussi avec un autre bleu : fourme d'Ambert, bleu de Gex.

truc de cuisinier

Pour obtenir de très fines lamelles de viande, glissez-les entre deux feuilles de papier sulfurisé et étalez-les avec le plat d'une planchette ou avec un rouleau à pâtisserie.

Carpaccio de veau aux citrons verts confits

coût moyen • facile à réaliser • préparation : 15 min • réfrigération : 1 h • pour 4 personnes

1 petit couteau tranchant

1 sauteuse

1 plat

4 assiettes de service réfrigérées

film étirable

400 g de noix de veau

4 citrons verts

1 cuil. à soupe rase de sucre

1/2 gousse de vanille

3 cuil. à soupe d'huile d'olive

1 cuil. à soupe de condiment balsamique blanc

1 poignée de pousses (miso, soja vert, alfalfa)

sel - poivre du moulin

fleur de sel

1 Pelez les citrons à vif puis, avec un petit couteau, détachez les tranches de part et d'autre des membranes qui les séparent.

2 Alignez les tranches de citron sur une couche dans une sauteuse. Ajoutez le sucre et la vanille. Portez à frémissement 1 minute.
Laissez refroidir.

3 Tranchez la noix de veau en très fines lamelles. Étalez-les sur un plat. Arrosez-les du condiment balsamique émulsionné avec l'huile d'olive, un peu de sel et de poivre. Couvrez de film étirable et mettez au frais 1 heure.

4 Répartissez les lamelles de veau en les intercalant avec des tranches de citron sur des assiettes réfrigérées. Parsemez d'un peu de fleur de sel. Donnez un tour de moulin de poivre. Déposez une petite poignée de pousses germées au centre.

variante

Remplacez les pousses germées par une petite pile de croûtons grillés tartinés de roquefort préalablement malaxé avec un peu de crème fraîche et de porto.
Si vous n'appréciez pas la viande de veau crue, passez rapidement les assiettes sous le gril chaud juste pour les tiédir et les cuire en surface en les retournant une fois.

truc de cuisinier

Faites comme en Italie: servez ce carpaccio avec une sauce au thon (thon, mayonnaise, anchois à l'huile, câpres, vinaigre balsamique).

Carpaccio d'ananas et de kiwis

coût moyen • facile à réaliser • préparation : 20 min • réfrigération : 1 h • pour 4 personnes

2 petites casseroles - 2 jattes
1 thermomètre de cuisson
1 batteur électrique - 1 fouet
4 assiettes réfrigérées

1 ananas victoria

4 kiwis

50 g de sucre en poudre

1 citron vert

2 c. à s. de rhum ambré

15 cl de crème liquide très froide

2 petits blancs d'œufs

4 c. à s. de miel d'acacia

Pressez et filtrez le jus du citron. En remuant, portez 10 cl d'eau avec le sucre à petits frémissements. Faites tiédir le rhum dans une petite casserole, flambez-le et ajoutez-le au sirop avec le jus de citron. Coupez le plumet et la base de l'ananas. Pelez-le, coupez-le en 2 puis en fines lamelles. Pelez et coupez les kiwis en 2, puis en demi-rondelles. Disposez harmonieusement les fruits sur 4 assiettes de service. Arrosez-les du sirop parfumé. Couvrez de film étirable. Mettez au frais 1 heure.

Chauffez 3 cuillères à soupe de miel délayé dans 1 cuillère à soupe d'eau, à 118 °C. Montez les blancs en neige. Lorsqu'ils sont presque fermes, versez peu à peu le sirop tout en fouettant. Battez jusqu'à complet refroidissement. Fouettez la crème liquide en chantilly ferme. Mélangez délicatement les 2 préparations pour préserver leur légèreté. Gardez au frais. Moulez et disposez une quenelle de mousse au centre des assiettes. Arrosez d'un filet de miel. Servez le reste de mousse dans une coupe.

Carpaccio de melon et de pastèque

coût moyen • facile à réaliser • préparation : 20 min • cuisson : 10 min • macération : 1 h • pour 4 personnes

2 bols - 1 casserole
2 plats - 1 pinceau
1 couteau à lame large
4 assiettes

1 melon charentais

200 g de pastèque

60 cl de vin doux (muscat, pineau blanc)

5 petits brins de verveine odorante

1,5 feuille de gélatine (3 g)

Dans une casserole, portez le vin à frémissement pour le faire réduire de moitié. Versez-en 15 cl dans un bol, ajoutez 3 feuilles de verveine ciselées, couvrez et laissez refroidir. Trempez la gélatine dans de l'eau froide. Réchauffez le reste de vin. Hors du feu, mettez-y la gélatine essorée à dissoudre. Versez la gelée, sur 8 à 10 mm, dans un plat tapissé de film étirable. Entreposez-la au réfrigérateur pour la durcir.

Pelez le melon et retirez les graines. Enlevez les pépins de la pastèque avec la pointe d'un couteau. Émincez l'ensemble en fines lamelles. Alignez-les sur un plat. Arrosez-les du vin parfumé à la verveine. Couvrez de film étirable. Laissez macérer au frais 1 heure. En les panachant et en les faisant se chevaucher légèrement, alignez les tranches de pastèque et de melon en rosace sur des assiettes réfrigérées. Badigeonnez-les de jus de macération. Démoulez et hachez la gelée au couteau. Éparpillez-la sur le carpaccio. Décorez de feuilles de verveine.

Carpaccio de poires et crème de mascarpone

coût moyen • délicat à réaliser • préparation : 20 min • réfrigération : 1 à 2 h • cuisson : 5 min • pour 4 personnes

1 jatte - 1 batteur
1 rouleau à pâtisserie
2 casseroles - 1 poêle
4 verres froids

4 poires parfumées (comice)
le jus d'1 citron
1 c. à c. de zeste de citron vert râpé
150 g de mascarpone
8 c. à s. de crème fraîche
20 g de noisettes pelées
1 c. à s. de sucre glace
1 sachet de sucre vanillé
80 g de sucre cristallisé
30 g de beurre demi-sel
1 pointe de couteau de pulpe de vanille

1 Au batteur, fouettez le mascarpone avec 5 cuillères à soupe de crème fraîche, le sucre glace et le sucre vanillé en crème mousseuse. Ajoutez le zeste râpé. Mettez au frais 1 à 2 heures.

2 Grillez les noisettes. Laissez-les refroidir et concassez-les grossièrement avec un rouleau à pâtisserie. Pelez et évidez les poires. Coupez-les en fines lamelles. Étalez-les dans le fond des verres. Badigeonnez de jus de citron. Couvrez de film étirable.

3 Préparez un caramel ambré avec le sucre cristallisé et 1 cuillerée à soupe d'eau. Portez 3 cuillères à soupe de crème à frémissement avec la vanille. Hors du feu, versez-la sur le caramel. Couvrez, remettez sur le feu puis découvrez, remuez et, hors du feu, incorporez le beurre en cubes.

4 Parsemez le carpaccio des noisettes concassées. Répartissez la crème de mascarpone au centre des assiettes. Coulez le caramel en filet et servez.

variante

Supprimez la crème mascarpone et coulez sur les poires un cordon de chocolat (60 g de chocolat noir fondu avec 10 cl de crème liquide et aromatisé de 2 pincées de vanille en poudre). Parsemez d'amandes grillées concassées.

truc de cuisinier

Dès que le caramel a pris une jolie couleur, retirez la casserole du feu, versez la crème chaude et couvrez aussitôt pour éviter les projections dangereuses. À la fin des grésillements, découvrez et poursuivez le déroulé de la recette. Pour prélever la pulpe de vanille, aplatissez une gousse sur une planchette puis fendez-la en 2 et raclez la pulpe.

Carpaccio de mangue au coulis passion

coût moyen • facile à réaliser • préparation : 30 min • repos : 1 h 20 • pour 4 personnes

1 bol - 1 pinceau - 1 grille pour pâtisserie - 2 petites casseroles - 1 zesteur - 1 batteur - 5 assiettes

2 mangues parfumées - 1 citron vert

10 cl de jus d'orange filtré

1 bouquet de coriandre - 1 c. à c. de gingembre frais râpé

1 blanc d'œuf - sucre cristallisé

30 g de sucre en poudre - 30 g de sucre spécial confiture

10 fruits de la passion

Réservez 1 brin de coriandre. Détachez, lavez et séchez les feuilles restantes. Battez le blanc d'œuf en neige molle avec quelques gouttes d'eau. Avec un pinceau, badigeonnez-en les feuilles de coriandre sur les 2 faces puis passez-les, des 2 côtés, dans du sucre cristallisé étalé sur une assiette. Laissez sécher sur une grille 1 heure. Coupez les fruits de la passion en 2. Retirez la pulpe. Dans une casserole, faites-la épaissir pendant quelques minutes avec le sucre spécial confiture. Ciselez les feuilles de coriandre réservées.
Portez le jus d'orange avec le sucre en poudre à frémissement 2 minutes. Ajoutez la coriandre ciselée et le gingembre. Laissez refroidir. Lavez et séchez le citron vert. Avec un zesteur, prélevez la partie colorée de son écorce. Pressez et filtrez le jus d'1 demi-citron, ajoutez-le au sirop. Pelez et dénoyautez les mangues. Émincez-les en fines lamelles. Étalez-les sur 4 assiettes de service réfrigérées. Badigeonnez-les du sirop filtré. Parsemez de zestes de citron. Arrosez du coulis passion. Mettez au frais 20 minutes. Pour servir, décorez les assiettes des feuilles de coriandre givrées.

Carpaccio de pêches en jus épicé

coût moyen • facile à réaliser • préparation : 30 min • infusion : 30 min • cuisson : 10 min • réfrigération : 1 h • pour 4 personnes

3 petites casseroles

4 assiettes de service - papier cuisson

4 pêches jaunes - 10 cl de jus d'orange

50 g de sucre en poudre

1/2 gousse de vanille - 1 clou de girofle - 4 grains de poivre noir

2 étoiles de badiane

12 cerneaux de noix de pécan non pelés

100 g de sucre en morceaux

Portez le jus d'orange à frémissement avec la pulpe de la demi-gousse de vanille, le clou de girofle, le poivre pilé et les étoiles de badiane. Hors du feu, couvrez et laissez infuser 30 minutes. Préparez un caramel ambré avec le sucre en poudre et 1 cuillère à soupe d'eau. Hors du feu, versez le jus d'orange filtré et réchauffé. Couvrez un instant puis découvrez, remettez sur feu doux et remuez pour obtenir une sauce homogène. Laissez refroidir.

Ébouillantez et pelez les pêches. Dénoyautez-les, coupez-les en fines lamelles et étalez-les sur les assiettes. Nappez de sauce. Mettez au frais 1 heure.
Préparez un deuxième caramel ambré avec les morceaux de sucre humidifiés. Versez-y les cerneaux de noix. Remuez-les avec une fourchette pour les enrober de caramel, puis retirez-les et alignez-les sur une feuille de cuisson. Laissez-les durcir et décorez-en les assiettes de carpaccio.

Index

Tartares

Carpaccios

Infos mesures

	1 cuil. à café rase	1 cuil. à soupe rase
Mesures canadiennes	1 teaspoon (tsp)	1 tablespoon (TBSP) - ½oz
Farine	5 g	15 g
Sucre	6 g	20 g
Liqueur	0,5 cl ou un trait	1,5 cl
Fécule	5 g	15 g
Vin / eau	0,5 cl	1,5 cl

Collection Toquades de First

Pour tous les toqués de cuisine !

Mamma miam !

Mini-cocottes & Co

Mini-vapeur

Mini verres, maxi délices !

Mon p'tit bistrot

Papillote surprise

Petites crèmes
et tiramisus !

Mini-brochettes

Prenez-en
de la graine !

Raconte-moi
des salades !

Recettes pour bébé

Slunch

So crumble !

Soirée mousse

Soupes !

Sublimes terrines

Sur un air de cappuccino

Sushi & sa chimie

Tatins renversantes

Tronche de cake

Ultra-Fondant

Un amour de dîner

Une cuillère
pour maman

Un parfum de tajine

Verrines
frisson garanti !

Verrines jolies, jolies

Verrines qui friment

Wok'n roll

Yaourts tout doux

wieder

kommt das Christuskind
auf die Erde nieder,
wo wir Menschen sind.

Kehrt mit seinem Segen
ein in jedes Haus,
geht auf allen Wegen
mit uns ein und aus.

Steht auch mir zur Seite
still und unerkannt,
dass es treu mich leite
an der lieben Hand.

Sagt den Menschen allen,
dass ein Vater ist,
dem sie wohlgefallen,
der sie nicht vergisst.

(Volkslied, 1837 von Wilhelm Hey verfasst)

Vorweihnachtszeit

Der Tag ist kurz – die Nächte lang. Wandeln wir im Traum und Sterne schauen auf uns herab, merken wir es kaum. Mystisch sind die Tage, wir ahnen es ganz vage. Wichtel, Engel, Lichtkinder und Sternenklänge tönen sanft in harmonischen Gesängen. Ein Segen fällt leise auf diese Welt, öffne dich, mache dich bereit, empfange das Licht einer neuen Zeit, es wird dein Schicksal beleuchten und erfüllen und dir den Samen des neuen Jahres enthüllen. Wandere unter dem Sternenzelt. Ein Stern, er ist für dich, der deinen Weg erhellt.

Mit diesem Büchlein möchte ich dich für den Segen der Adventszeit öffnen und dich durch diese Jahreszeit begleiten, die dunkel ist, aber auch geheimnisvoll. Halte inne, verbinde dich mit deinem Stern, und sei bereit, als Mitschöpfer in eine neue Zeit zu wandern.

Tag für Tag werden wir die Adventszeit glühend genießen und vielleicht auf die eine oder andere Weise neu erfahren und erleben. Unser Erdenweg ist eine wundervolle Reise. Eine Reise zum Selbst, jeder Schritt beinhaltet einen Zauber, eine tiefe Einweihung in jene Kraft, die in uns auf ihr vollständiges Erwachen wartet.

Genieße den Zauber und die Wunder dieser Zeit. Öffne dein Herz für die Liebe.

Tiefe Erfahrungen und viel Segen in dieser besonderen Zeit wünscht dir deine

Jeanne Ruland

PS: Im Anhang findest du eine Checkliste für die Weihnachtsvorbereitungen, die du gerne vorab lesen kannst.